Das geht Sie gar nichts an, das ist *unser* Bruder!

Die lustigsten Weihnachtsgeschichten von Harmonic Brass

Erzählt von Andreas Binder

Illustriert von Carsten Abelbeck

Inhalt

Vorwort

Seit 1991 tourt das Münchner Blechbläserquintett Harmonic Brass durch die Lande und gibt jährlich etwa 120 Konzerte weltweit. Viel Zeit, die dabei gemeinsam im Tourbus und in den Hotels verbracht wird. Nur gut, dass bei diesen fünf Herren das Klischee der gemütlichen und geselligen Blechbläser in vollem Umfange zutrifft. Hornist Andreas Binder sperrte seine Ohren auf und entlockte seinen Kollegen die lustigsten und skurrilsten Begebenheiten aus deren Kinder- und Jugendtagen.

Nach anfänglichem Zögern gaben sie bereitwillig Auskunft und nahmen dabei keine Rücksicht auf die eigene Person. Allein das Nacherzählen der lange zurückliegenden Kindheitserinnerungen im Kreise der Kollegen führte zu äußerster Heiterkeit und wäre schon wieder eine eigene Geschichte.

www.HarmonicBrass.de

Thomas Lux,
Posaune

Gergely Lukács,
Trompete

Andreas Binder,
Horn

Hans Zellner,
Trompete

Manfred Häberlein,
Tuba

Spuren im Schnee

Geschwister zu haben, ist etwas Tolles! Etwas Beruhigendes. Im eigenen Leben ist damit so eine Art Sicherung eingebaut, es kann einem nichts passieren, man hat ja seine Brüder und Schwestern! In meinem Falle ist es gleich eine Mehrfachabsicherung: zwei ältere Brüder, dann kommen drei ältere Schwestern und dann, nach einer, nun ja, Schöpfungspause, ich, der Kleine. Es müssen sich bei meiner Geburt wohl Szenen abgespielt haben, die man von einem wichtigen Fußballspiel her kennt: Meine beiden Brüder lagen sich jubelnd in den Armen, weil mit meiner Ankunft der geschlechtliche Ausgleich geschaffen wurde. Der wichtige Ausgleichstreffer zum 3:3 war gefallen, sonst hätte es ja – beinahe unaufholbar – 2:4 gestanden.

Wunderbar! Der kleine Ausgleichbruder war da! Selbstverständlich wurden meine älteren Geschwister herangezogen zur Aufzucht des kleinen Bruders. Bereitwillig wurde auf mich aufgepasst, mit mir gespielt, meine Laune im grünen Bereich gehalten – sofern es

sich mit den übrigen Interessen meiner Geschwister im Einklang befand.

Eines Winters, kurz vor Weihnachten, kam es bei meinen beiden Brüdern zu einem massiven Interessenskonflikt. Für die zwölf- und dreizehnjährigen Buben stand Fahrradfahren bei frisch gefallenem Neuschnee auf dem Programm. Ein herrliches Vorhaben. Was für ein Gerutsche auf der nicht gestreuten Straße! Autos spielten zu dieser Zeit in unserem Wohnviertel noch keine Rolle, also hatten sie die Straße für sich. Für sich und für ihren kleinen Bruder.

„Seids doch so gut und nehmts den Andreas mit." Das war jetzt in dem Sinne keine Bitte meiner Mutter, sondern eine unmissverständliche Aufforderung an meine

Brüder, mich, den Einjährigen, im Kinderwagen mit-zuschieben. Im Kinderwagen! Schieben! Das ganze Freizeitkonzept für diesen Nachmittag war über den Haufen geworfen. Der zaghafte Einwand, man sei ja – höchst gefährlich für Kleinkinder – mit dem Fahrrad unterwegs, wurde schlichtweg überhört. Es sei noch so viel für Weihnachten vorzubereiten, außerdem bräuchte der Kleine (ich!) frische Luft, und in der Küche würde er nur im Weg umgehen bzw. krabbeln.

Schulterzuckend fügten sich meine Brüder ihrem vor-weihnachtlichen Schicksal und ketteten mich im Kin-derwagen an. Der Kleine fand alles wunderbar. Im Kinderwagen angekettet zu werden, hieß, auf große Fahrt zu gehen, und anscheinend waren beide Brü-der daran beteiligt. Was für ein Glückszustand! Aus-ritte mit den Brüdern waren von Haus aus wilder und lustiger als Spaziergänge mit der Mutter. Fröhlich vor mich hinglucksend, verfolgte ich die Reisevorbereitun-gen. Mir entging dabei leider der Gemütszustand mei-ner Begleiter, die sich empfindlich in ihrer Nachmit-tagsplanung gestört fühlten. Das Fahrradfahren war offenbar so fest in ihren zwölf- und dreizehnjährigen Gehirnen verankert, dass sie auch jetzt, nach Mutters Neudefinition ihrer Freizeit, nicht davon lassen wollten. Dann halt mit kleinem Bruder.

Man erreicht als Kinderwagen eine höchst respektable Geschwindigkeit, wenn zwei Kräfte einwirken: die Schubkraft und die Zugkraft. Erstere gewinnt man, wenn der eine Bruder kräftig anschiebt. Das würde schon ausreichen für eine kinderwägliche Geschwindigkeitsübertretung. Wenn der zweite Bruder dann den angeschobenen Wagen wie beim Staffellauf mit einem kräftigen Zu-sich-ziehen übernimmt, gibt es buchstäblich kein Halten mehr. Und dies alles hoch zu Ross, es war ja Fahrradfahren angesagt für meine Brüder. Lang konnte das nicht gutgehen, es ging, genau gesagt, bis zum ersten Randstein gut, der unter dem Schnee nicht erkennbar war. Der Wagen kippte um und schleuderte seinen einzigen Insassen in den Schnee, halbwegs abgefangen vom zuvor angelegten Gurt. Ein groteskes Bild: Kopf voraus im Schnee, mit dem Kinderwagen aber noch durch das angelegte

Brustgeschirr wie mit einer Nabelschnur verbunden. Einer kurzen, meinen Brüdern als ewig erscheinenden Stille folgte mein Brüllen, das weit über unsere Siedlung hinaus hörbar war. Erleichtert darüber, dass ich offenbar noch in der Lage war, Luft für mein Schreien zu holen, reagierten meine Brüder relativ kühl und gelassen auf das Herannahen einer Nachbarin. Auf ihre Frage, was sie denn da mit mir anstellen würden, antworteten sie mit einem in unserer Familie inzwischen legendären Satz:

„Das geht Sie gar nichts an, das ist *unser* Bruder!"

Der schwarze Mix

Atlas war der Funkername von Herrn Klose. Jeder CB-Funker meldet sich mit seinem Funkernamen – eine geheimnisvolle, in sich abgeschlossene Welt. *Atlas* sendete aus dem kleinen, mittelfränkischen Neunhof hinaus in die Höhen und Täler des Frankenlandes.

Dem aufmerksamen Christkind war nicht entgangen, dass der kleine Manfred von dieser Funkstation fasziniert war. Wenn er wieder einmal nicht aufzufinden war, was durchaus vorkam, brauchte man nur zu

Herrn Klose zu gehen, der als *Atlas* dem Häberlein
Manfred die Welt der Kurzwelle erklärte.

In seiner weisen, grundgütigen Art bescherte das
Christkind nun also dem Manfred, für ihn völlig über-
raschend, ein Walkie-Talkie-Gerät. Und weil man

mit nur einem Walkie-Talkie nicht weit kommt bzw. funkt, wurde sein Bruder ebenfalls mit einem solchen Funkgerät beschenkt.

Die Freude hätte nicht größer sein können! Zwei neue, kleine Atlasse hüpften durch das Wohnzimmer und waren außer sich.

Voller Stolz wurden die Geräte Herrn Klose vorgeführt, der die Buben wohlwollend in die Funker-Familie aufnahm, ihnen vieles erklärte und gute Tipps gab, die man halt so benötigt beim Funken. Sein Engagement für die Buben ging sogar soweit, dass er ihrem besten Freund, dem Renner Richard, den alle nur *der Renner* nannten, ein weiteres Walkie-Talkie zur Verfügung stellte.

Ein Traum! Zu dritt durchstreiften sie die verschneiten fränkischen Wälder. Unendlich viele Spielmöglichkeiten eröffneten sich mit diesen drei Geräten. Rotbäckige Buben, die krächzenden Botschaften aus den Walkie-Talkies lauschten und die Antworten dann so laut hineinbrüllten, dass das gesamte mittelfränkische Tierreich mitlauschen konnte.

Dass darüber fest vereinbarte Mittagessenszeiten verabsäumt wurden, versteht sich von selbst. Mutter Häberlein schätzt es bis heute nicht sonderlich, wenn ihr dampfendes Essen auf dem Tisch steht und die davon Begünstigten noch nicht anwesend sind. Das ganze Quintett kann davon ein Lied singen. Jedenfalls kam es durch diese wunderbaren Weihnachtsgeschenke in den nachfolgenden Wochen zu Misstönen am Mittagstisch und zu Grundsatzdiskussionen, was pünktliches Erscheinen zum Essen betraf. Nun, solche Diskussionen kann man sich schon einmal anhören, man kann auch Besserung geloben, aber dann ist man halt wieder draußen in den Wäldern, ist vielleicht gerade ein Agent, der die Welt retten muss, aber verfolgt wird von Schurken, und mit letzter Kraft gibt man Anweisungen durch sein Funkgerät, wo man sich trifft, wo sich der rettende Jägerstand … ähhh … Palast befindet. Da müssen solch banale Dinge wie pünktliches Erscheinen am Mittagstisch leider in den Hintergrund treten.

Der Schock muss tief gesessen haben, denn als mir der Manfred die Geschichte aus seiner Kindheit erzählte, war jetzt noch eine leichte Erregung zu spüren, die sich all die Jahre bei ihm erhalten hat. Schock darüber, dass mitten in der größten Agentenschlacht plötzlich aus allen drei Walkie-Talkies eine den Buben unbekannte Stimme ertönte:

„Hier spricht der schwarze Mix, was macht ihr da?!"
Nach kurzer Verständigung war den Buben klar, keiner von ihnen hatte gesprochen. Der schwarze Mix. Wer war er? Wo war er? Hatten sie womöglich ihr Agentenspiel zu real gespielt? War der schwarze Mix vielleicht einer der Schurken, der jetzt gleich …

Der Renner machte seinem Namen alle Ehre und rannte als Erster los. Nur hinaus aus dem Wald, wo es von Agenten anscheinend nur so wimmelte. Gefolgt von den keuchenden Häberlein-Brüdern, die nur ein Ziel hatten: das elterliche Anwesen. In rasendem Tempo bogen die beiden Amateuragenten in die Hofeinfahrt ein und wurden von ihrem feixenden Vater empfangen. Die Wollmütze schief auf dem Kopf, der eine

Daumen im Hosenträger eingehakt, die andere Hand ein Walkie-Talkie umklammernd: Vor den Buben stand der leibhaftige schwarze Mix und schüttelte sich vor Lachen. Dahinter, oben auf der Treppe, die Frau vom schwarzen Mix, die unentwegt kicherte. Der *Atlas* hatte noch ein Walkie-Talkie übrig gehabt, was dem Herrn Häberlein sehr zupass kam.

Die Lektion hatte gesessen: Nie wieder waren die Buben beim Essen zu spät.

Weihnachten in der Mongolei

Dem kleinen Gergely war die Mongolei ein vertrauter Ort. Das Land, das andere Kinder nur aus wirklich gefährlichen Abenteuerromanen kannten, war für ihn in seiner Kindheit mehrere Jahre Heimat. Sein Vater war als Geophysiker in der Mongolei beschäftigt und nahm seine ganze Familie mit. Was für eine Kindheit! Schlafen im Zelt, vom eigenen Pferd geweckt, das ganze Land ein einziger Spielplatz. Mit glänzenden Augen

erzählt uns Gergely heute noch von „seiner" Mongolei. Wie für viele Kinder war auch für Gergely LEGO-Spielzeug das Non-plus-ultra. Die Verwandtschaft war zahlreich genug, sodass es Gergely zu einer respektablen LEGO-Sammlung gebracht hatte. Immer gab es LEGO. Vor allem an Weihnachten, das – Mongolei hin oder her – immer zuhause in Budapest gefeiert wurde.

Aus den verschiedensten Gründen musste Gergelys
Familie einmal ein Weihnachten in der Mongolei ver-
bringen, und so feierten sie am 24. Dezember in Ulan
Bator. Die größte Sorge von Gergely war damals, ob
ihn das Christkind auch in Ulan Bator finden würde. In Budapest hatte es ihn ja immer gefunden, und
er war sich jetzt nicht sicher, ob sich der Ortswechsel
in himmlischen Kreisen herumgesprochen hatte. Hat
er sich aber. Hilfreich dafür dürfte sicherlich die Rei-
se seines Vaters kurz vor Weihnachten heim nach Budapest gewesen sein. Jedenfalls kannte sich das Christkind offensichtlich auch in Ulan Bator aus, und sogar
in der Mongolei war der LEGO-Nachschub gesichert.
Ein weiterer Beweis für die unermessliche Größe, Güte

und Weisheit des Christkindes. Zu diesem mongolischen Weihnachtsabend lud die Familie Lukacs auch ihre russischen Nachbarn ein, die ja an diesem Abend feiertechnisch „frei" hatten, weil sie im Januar ihr Weihnachtsfest feiern. Das Christkind hatte es in diesem Jahr besonders gut mit Gergely gemeint: ein roter Gabelstapler von LEGO-Technik! Mit Pneumatik! Jetzt war es so, dass der russische Nachbar, ein freundlicher, älterer Herr, in seinem Leben bisher weder etwas von LEGO noch von LEGO-Technik, geschweige denn von einem pneumatischen Spielzeug gehört hatte. Und es ging ein Strahlen über sein Gesicht. Auch für ihn war jetzt schon Weihnachten. Keine Speise, kein Schnaps hätten ihn mehr erfreut als dieser rote Gabelstapler. Mit einer kindlichen Begeisterung half er dem ungarischen Jungen beim Zusammenbauen, und allen Beteiligten war klar, dass eigentlich der Mann beschenkt worden war. Gergely, der ja vom Christkind zuverlässig jedes Jahr mit LEGO bedacht wurde, freute sich natürlich über den Gabelstapler. Aber noch mehr freute er sich über die Freude seines Nachbarn und bereitwillig überließ er ihm an diesem Tag sein Geschenk.

Das iranische Vaterunser

In vielen Familien ist der 24. Dezember geprägt von traditionellen Handlungen, Riten und Gebräuchen. Gerade das macht diesen Tag zu einem besonderen. Und das war sicherlich auch der Grund für die unglaubliche Vorfreude, die man als Kind in dieser Zeit hatte. Die ganzen Vorbereitungen, die Gerüche aus der Küche, Zimmer, die man nicht mehr betreten durfte. Aufregend war das alles und unheimlich spannend.

Was im Hause Binder zu all diesen Vorbereitungen noch dazu kam, war die Tatsache, dass es für uns Kinder schon kurz vor dem Weihnachtsfest quasi eine Telefonsperre gab. Gute Freunde wussten einfach: Bei Binders wird ab dem 23. Dezember nicht mehr angerufen. Das hätte fatale Folgen für den Anrufer gehabt. Der Hochsicherheitstrakt eines amerikanischen Gefängnisses wäre leichter zu knacken gewesen als das Binder'sche Anwesen in der Weihnachtszeit.

Nun, so standen wir wieder einmal am 24. Dezember gegen 19 Uhr vor dem herrlich geschmückten Baum, *Es ist ein Ros' entsprungen* war bereits erfolgreich mehrstimmig gesungen und es sollte der Höhepunkt folgen: das gemeinsam gesprochene *Vaterunser*.

„… Dein Reich komme, Dein Wille gesch…" – in genau diesem Moment läutete unser grünes, an der Wand befestigtes Telefon. Ein Schock! Wir zuckten alle zusammen, während wir krampfhaft versuchten, das *Vaterunser* fertig zu beten. Es war etwas geschehen, das einfach nicht geschehen durfte. Wer rief da an? Einer meiner Schwestern dämmerte es als Erste. Sie hatte zu diesem Zeitpunkt einen iranischen Freund, für den aufgrund seiner Glaubensausrichtung der 24. Dezember ein völlig normaler Werktag war. Meine Schwester hatte wohl verabsäumt, ihren damaligen Freund in die Binder'sche Weihnachtsproblematik einzuführen, oder diese Einführung geschah mit zu wenig Nachdruck, jedenfalls läutete es und meine Schwester hechtete zum Telefon, bereits wissend, dass es für sie war. Wer sollte sonst in den Abendstunden des 24. Dezembers bei uns anrufen?

Die Stimmung beim betenden Volk im angrenzenden Wohnzimmer war desaströs und ich kann mich nicht erinnern, dass jemals zuhause ein *Vaterunser* unter solch einer Spannung fertig gebetet wurde. Unser Vater behielt nur mühsam die Contenance, während meine Schwester hektisch ins Telefon nuschelte, abrupt den Hörer auflegte und zur Betgemeinschaft zurückeilte.

Noch viele Weihnachten später verkrampften meine Geschwister und ich beim Beten am Weihnachtsbaum und hofften inständig, dass sich all unsere Freunde an das weihnachtliche Bei-Binders-wird-nicht-angerufen-Gebot halten würden. Und tatsächlich: Es blieb in meiner ganzen Kindheit bei diesem einen Anruf.

Kreisverkehr

Die Jugend von Thomas Lux war geprägt durch zwei Dinge: Kraftsport und An-Mopeds-Herumschrauben. Niemand aus der weitverzweigten Familie Lux wäre zu dieser Zeit auch nur im Traum darauf gekommen, dass der Sohn der Familie das Blasen einer Posaune erlernen und damit in aller Welt Konzerte geben würde. Der Thomas? Niemals! Wirklich, jeder andere Beruf. Und so bastelte der 16-Jährige hingebungsvoll und muskelbepackt in der elterlichen Garage an den verschiedensten Vehikeln herum, tauschte mit Freunden Auspuff gegen Stoßdämpfer und war ein glücklicher, ölverschmierter Junge, der seine Lebensaufgabe

damals

darin sah, sein Moped schneller zu machen. Die damit verbundene Unaufgeräumtheit der Garage produzierte in diesen Zeiten ständig schwelendes Konfliktpotenzial zwischen Mutter Lux und Sohn, das einmal in der Weihnachtszeit seinen Höhepunkt finden sollte. Das Ergebnis war ein einwöchiges Moped-Fahrverbot für den Sohn, das ihn sichtlich traf. Eine empfindliche Strafe für einen 16-Jährigen. Wie sollte man sich mit den Kumpels treffen, wenn der fahrbare Untersatz fehlt? Die Freundin zu Fuß vom Bahnhof abholen? Äußerst uncool, geradezu demütigend. Einziger Hoffnungsschimmer an dieser Sanktion war die Tatsache, dass die strafgebende Instanz just in dieser Woche beim Weihnachtsmarkt in Karlsruhe weilte. In dieser Schaustellerfamilie nichts Ungewöhnliches. Das

heute

27

Original Knusperhaus von Frau Lux war bekannt und beliebt, nirgendwo gab es bessere Nougatstangen.

Mutter weg – Moped raus! Karlsruhe war weit genug von Worms entfernt, um diese Strafe nicht ernst nehmen zu müssen.

Als hätte es nie ein Fahrverbot gegeben, kurvte der Halbstarke in Worms herum – Kumpels treffen, Freundin abholen, alles kein Problem, man hatte ja ein Moped! Zum Problem wurde es erst, als Thomas nach dem zweiten Tag verbotenen Herumkurvens einen verdächtigen Zettel auf dem Schreibtisch seiner Mutter fand. Ein einziges Wort stand drauf: *Tachostand*. Und dann eine Zahl, die er bereits weit überschritten bzw. überfahren hatte. Seine Mutter war im Strafenaussprechen keine Anfängerin. Furchtbare, nicht kalkulierbare Folgen drohten dem flotten Mopedfahrer, und es musste schnell gehandelt werden. Sofort wurde das Fahren eingestellt, und vor den Augen der Nachbarin spielten sich seltsame Szenen auf dem Grundstück der Familie Lux ab: Sohn Thomas wuchtete sein Moped auf die Straße und schob es rückwärts an der erstaunten Nachbarin vorbei um den Häuserblock. Es dauerte nicht lange, und der schiebende Nachbarssohn tauchte am Horizont wieder auf und machte sich auf eine neue Runde. Quasi ein Motorradrennen in Zeitlupe und rückwärts. Nur, dass der Fahrer sein Gefährt schob und sich unendlich damit abmühte. Den Tachostand zu korrigieren, war schweißtreibend und benötigte einen ganzen Vormittag.

Alles wäre gutgegangen, wenn nicht die Nachbarin, Tage später, gänzlich arglos, der vom Karlsruher Weihnachtsmarkt heimgekehrten Frau Lux von einer in ihren Augen lustigen Begebenheit erzählt hätte, die sie beobachtet hatte: „… und geschwitzt hat der gute Junge …!"

Sofort über den Sachverhalt im Bilde, konnte sich Frau Lux eines Schmunzelns nicht erwehren und verzichtete auf weitere Sanktionen.
Thomas aber ärgert sich bis heute darüber, dass er nicht auf die Idee kam, die Bohrmaschine an der

Tachospindel anzuschließen und rückwärts laufen zu lassen. In seinen Augen ein Anfängerfehler, der der allgemeinen Stress-Situation geschuldet war.

Radlos an Weihnachten

Als läge über der Weihnachtszeit für Thomas ein besonderer Fluch, ereignete sich die zweite, weitaus dramatischere Mopedgeschichte am dritten Advent eines Jahres, in dem unser junger Held noch nicht volljährig war und somit immer noch der elterlichen Gerichtsbarkeit ausgeliefert war. Und die hatte wieder einmal gnadenlos zugeschlagen und ein Moped-Fahrverbot verhängt. Ob dies nun die unaufgeräumte Garage oder das zu späte nächtliche Heimkommen bewirkt hatte, sei dahingestellt. Jedenfalls blieb das Moped eine Woche in der Garage. Alles wie gehabt – Sohn ärgert sich, weiß aber, dass auch in diesem Jahr der Karlsruher Weihnachtsmarkt nicht auf Frau Lux und das *Original Knusperhaus* verzichten will, und geht das Verbot gelassen an. Der Schichtdienst seines Vaters trug ein Übriges zu seiner Ruhe bei: Thomas wusste genau, wann seine Eltern wo sein würden. Prinzipiell war er schon kooperativ und versuchte, sich an dieses Fahrverbot zu halten. Es ging ja nicht um grundsätzliches Dagegensein. Aber eine Aktion mit den Kumpels absagen zu müssen, mit der Begründung, er dürfe nicht fahren, ging in seinen Augen zu weit.

Es war eine eigentlich harmlose Anfrage, die ihm zum Verhängnis wurde.
„Wir treffen uns beim McDonalds!"
„Äh … natürlich treffen wir uns dort! Machen wir ja immer, der Lux ist dabei, ist doch klar!"

Und der Lux *war* dabei. Pünktlich und mit Maschine. Sperrte sein Moped ab, ging hinein und war ein unbeschwerter, Hamburger futternder Teenager.

Der war er nicht mehr, als er das Restaurant verließ. Alle Motorräder waren noch da, nur seins fehlte. Sein Schloss lag aufgezwickt am Laternenpfahl. Man hatte ihm sein Moped geklaut! Am helllichten dritten Advent in der Wormser Innenstadt. Unfassbar. Ein Zustand, der einfach nicht sein durfte. Seine Kumpels standen verlegen herum, froh darüber, dass ihre Mopeds noch da waren. Auch wenn die Abnabelung von den Eltern in vollem Gange war, war Thomas in diesem

Moment nicht abgeneigt, seine Mutter zu sehen. Und so schwang er sich beim Wössner Stefan auf den Rücksitz und befahl ihm, nach Karlsruhe zu fahren. Er brauchte dringend familiären Kontakt. Die Mutter, zwischen Lebkuchen und gebrannten Mandeln thronend, schaute ihn erstaunt an. Als ihr alles berichtet war, schüttelte sie energisch den Kopf. Das alles könne ja gar nicht sein, weil ihres Sohnes Moped aufgrund des von ihr selbst verhängten Fahrverbots zuhause in der Garage stünde und dort sicher sei vor sämtlichen zwielichtigen Wormser Gestalten. Da müsse eine Verwechslung vorliegen. Und jetzt wurde die Geschichte für den Thomas erst richtig brenzlig. In seiner Aufregung hatte er gar nicht mehr an diese andere unangenehme Geschichte gedacht. Richtig schwarz waren die Wolken, die jetzt über dem Karlsruher Weihnachtsmarkt und der Lux'schen Mutter-Sohn-Beziehung aufzogen. Nur gut, dass die Mutter Hauptsaison hatte und nach Süßigkeiten lechzende Menschen vor ihrem Wagen Schlange standen. Der Sohn trollte sich und wurde vom treuen Wössner (man sprach sich nur mit den Nachnamen an) nach Worms zurückgebracht.

Seiner Mopedbegeisterung tat dies jedoch keinen Abbruch. Schon bald besorgte er sich ein neues Gefährt, kaufte sich ein besseres Schloss dazu, und noch heute fährt er gerne Motorrad.

Seiner Mutter treiben diese beiden Episoden immer noch ein breites Grinsen ins Gesicht, während wir auf dem Weg zum nächsten Konzert vor ihrem *Original Knusperhaus* stehen und köstliches Nougat essen.

Die Weihnachtsralley

Den Ablauf des 24. Dezembers des 17-jährigen Hans Zellner muss man nicht unbedingt verstehen. Man versteht ihn, wenn man selbst aus einer musikalischen, katholischen Familie stammt, und versteht ihn nicht, wenn man nicht eingeweiht ist in die höheren Weihen des *Muggens – Musik gegen Geld* oder auch *musikalisches Gelegenheitsgeschäft.* Wie man es auch nennen mag, man setzt seine Fähigkeiten als Musikant ein und bekommt dafür einen Obolus. Nicht nur war der Hans bereits in jungen Jahren ein außergewöhnlich guter Trompeter und passabler Organist, nein, er war auch das, was man heute *gut vernetzt* nennt. Seine Kontakte zu allen Straubinger Pfarrkirchen war exzellent, und Gerüchten zufolge wurde die Ansetzung einer musikalischen Messe mit dem Terminplan des Trompeten-Rotzlöffels abgeglichen.

Der 24. Dezember stellte für ihn eine logistische Herausforderung dar, wie es sie im sonstigen Kirchenjahr nicht gab. Wie schaffe ich es, mit meiner

Trompete möglichst alle Christmetten in Straubing zu bespielen? Das war die große Frage, die sich der Hans etwa ab Mitte Dezember stellte.

Begeben wir uns also auf seine Fährte. Die Kinderchristmette in St. Michael um 15 Uhr bildete den Auftakt zu einer beispiellosen Tour durch Straubing, einer Art Triathlon der besonderen Art: Rennen, Blasen, Orgeln. Der letzte, wunderschöne Trompetenton von Hans Zellner war in St. Michael noch nicht verklungen, da wetzte er schon hinaus und quer über den Kirchplatz hinüber zur Versöhnungskirche. Christvesper. Mit Hans Zellner an der Orgel, die Lippen noch geschürzt vom Trompetenblasen, der Schädel noch hochrot von der Rennerei. Der Zeitplan vergönnte ihm danach ein klitzekleines Päuschen, das er dafür benutzte, um nach Hause zu eilen und seiner eigenen Bescherung beiwohnen zu können. Das persönliche Weihnachtsfest fand zwischen 19 Uhr und 19.45 Uhr statt, mehr Zeit war nicht, da um 20 Uhr die Christmette in St. Joseph begann. Mit feierlicher

Blechbläserintroduktion. Mitten drin der Hans mit neuem Pullover vom Christkind persönlich.

Um 22 Uhr dann die große Orchestermesse in St. Jakob. Hans gab noch einmal alles. Ihm und seinem Ansatz reichte es dann auch, aber jedes Jahr sinnierte er darüber, ob man vielleicht nicht doch noch eine Messe mehr einbauen könnte.

Hans war nicht zuletzt durch seine Weihnachtsmuggerei ein wohlhabender Schüler, der sich jedoch

frühzeitig und bereitwillig am Straubinger Wirtschafts-
kreislauf beteiligte. Profitiert haben davon viele, allen
voran die Metzgerei Wolf, die seiner Meinung nach
den besten Hausmacherleberkäs' herstellte und auch
sonst einen sehr sympathischen Eindruck bei unserem Trompeter hinterließ. Ebenfalls erfreut von seinen
gutgehenden Geschäften war Hansens Stammkneipe
Cairo – und jetzt verstehen wir übrigen Quintettmit-
glieder auch seinen verklärten, nach innen gewandten
Blick, als wir bei unserer Konzertreise durch Ägypten
auf dem Tahrir-Platz in Kairo standen.

Quintett für vier Blechbläser

Es war in der Anfangszeit von Harmonic Brass. Einer Zeit, in der es noch keine Handys gab – ein wichtiges Detail in dieser Geschichte. Weihnachtskonzert in München. Eine schöne, lösbare Aufgabe für ein neu zusammengewürfeltes Blechbläserquintett. Wunderschöne Arrangements hatten wir für fünf Blechbläser. Einen Tourbus hatten wir noch nicht, in dieser Zeit fuhr daher jedes Quintettmitglied mit seinem eigenen Auto zu den Konzerten oder es bildeten sich Fahrgemeinschaften. Allein in seinem Auto, einem blauen Golf, war meistens Tubist Manfred Häberlein, da die Anfahrt immer aus Neunhof bei Lauf erfolgte, seinem Elternhaus, in dem er während seines Studiums noch wohnte. Ein Paradies für jeden Studenten, wenn ich das mal so sagen darf. Der durchschnittliche Sonntag im Leben des Studenten Häberlein gestaltete sich durchweg überschaubar. Schlafen, bis man vom Duft des Schweinsbratens geweckt wurde, diesen dann als Frühstück verzehrt, um zu bemerken, dass man immer noch nicht ausgeschlafen ist. Dieses Schlafdefizit schleunigst am Nachmittag nachgeholt (der fränkische Samstagabend war anstrengend), um sich dann für den Sonntagabend mit den Freunden wieder zu verabreden. Könnte schlimmer kommen, aber das ist wieder eine andere Geschichte.

Jedenfalls, in dieser entspannten Grundhaltung fuhr der Manfred in seinem Golf zu besagtem Weihnachtskonzert nach München, und alles wäre gutgegangen, wenn die Kirche, in der wir spielen sollten, einen Kirchturm gehabt hätte. Im Nachhinein könnte man sagen, der Veranstalter war selber schuld, wenn da kein Kirchturm ist, aber das wäre zu billig und röche nach Ausrede. Mit der Adresse auf einem Zettel fuhr der Manfred also in das angegebene Münchner Viertel und spähte nach einem Kirchturm.

In Zeiten ohne GPS und Navi waren uns die Kirchtürme noch eine wichtige Markierung, ähnlich den Leuchttürmen für die Seefahrer. Außerdem musste der Beifahrer noch Straßenkarten lesen können und

blitzschnelle Entscheidungen treffen. Aber das ist wieder eine andere Geschichte.

Nun, auf Manfreds Beifahrersitz lag also der Zettel mit der Adresse, und mangels Kirchturm und unter gewissem Zeitdruck überwand unser Tubist seine angeborene Schüchternheit und fragte eine Passantin nach dem Weg zur Kirche. Er wurde mit ausholenden Armbewegungen in eine Richtung geschickt, dankte herzlich und rollte von dannen. Noch immer war er der

Meinung, zu einer Kirche gehöre ein Kirchturm, und den müsste man ja jetzt langsam mal sehen. Was er nicht wusste, war die Tastsache, dass die besagte Kirchengemeinde weder einen Kirchturm besaß noch gewillt war, einen solchen zu bauen. Fragen Sie mich jetzt bitte nicht, warum. Ich weiß es nicht, und das wäre auch wieder eine andere Geschichte.

Was der Manfred sich nur vage vorstellen konnte, war der Hitzegrad der Kohlen, auf denen seine Quintettkollegen saßen. Die verabredete Treffpunktzeit war längst überschritten, und die Kirche ohne Kirchturm war bereits mit erwartungsfrohen Zuhörern gefüllt. Laut Manfreds Mutter, mit der hektisch telefoniert wurde, war ihr Sohn ordnungsgemäß in Neunhof abgefahren, der Verkehrsfunk berichtete von keinerlei Katastrophen auf der A 9, im Gegenteil, es war ein ruhiger Sonntag auf Bayerns Straßen.

Inzwischen dämmerte es dem Manfred, dass es sein könnte, dass die von ihm befragte Passantin suboptimal geantwortet hatte. Seelenruhig kurbelte er wieder sein Seitenfenster herunter und fragte ein weiteres Mal nach dem Weg. Diesmal erklärte ihm ein kopfschüttelnder Mittfünfziger, dass er für diese Adresse hier wohl total falsch sei, und schickte ihn in die entgegengesetzte Richtung, wissend lächelnd, als er beim Wegfahren Manfreds Nürnberger Autokennzeichen sah.

Manfred fuhr also wieder in die andere Richtung, spähte angestrengt in jede Nebenstraße und verlor dabei gründlich die Lust an München. Wann der Augenblick genau kam, kann er uns heute nicht mehr sagen, jedenfalls hatte er irgendwann genug von der Sucherei und verfiel in mittelfränkische Reflexe: Daheim ist es am Schönsten! Wie von selbst fand sein blauer Golf den Weg zurück Richtung Nürnberg.

Sie möchten jetzt hoffentlich nicht wissen, wie das Konzert war? Nun, vier Blechbläser spielten wunderbar arrangierte Stücke für fünf Blechbläser, und wer meint, die Tuba könne man in einem Quintett schon mal weglassen, der hat sich gewaltig geirrt. Aber das ist wieder eine andere Geschichte.

Impressum

Bibliografische Information der Deutschen Nationalbibliothek
Die Deutsche Nationalbibliothek verzeichnet diese Publikation in der
Deutschen Nationalbibliografie; detaillierte bibliografische Daten
sind im Internet über http://dnb.d-nb.de abrufbar.

1. Auflage, 2011
© 2011 Brass Works Munich
Franz-Josef-Delonge-Str. 5
81249 München

Gesamtgestaltung und Illustration: Carsten Abelbeck
Druck: Bugl-Druck, Essenbach

ISBN 978-3-00-035983-5